Antonio González

Adviento y Navidad

con los Santos Padres

© Editorial Edibesa

Tel.: 913 451 992
Fax: 913 505 099

Madre de Dios 35, bis
28016 Madrid

ISBN: 978-84-8407-159-4
Depósito Legal: M-30262-2012

Impresión: Estilo Estugraf Impresores S. L.
Diseño y maquetación: Digraf, S. L.

ÍNDICE

Introducción

Este libro es un recurso para vivir bien los tiempos litúrgicos de Adviento y Navidad, dos de los tiempos fuertes que marca la Iglesia para que los cristianos profundicen en su fe, en este caso desde el misterio de la Encarnación.

Los destinatarios son todos los cristianos y se les ofrece en estas páginas tres sencillos elementos para alimentarse espiritualmente.

El primero es un dato histórico y cultural, encuadrado en el epígrafe **Formación**, para conocer la trayectoria del Adviento y la Navidad a lo largo de los siglos. También se alude a los símbolos litúrgicos o populares de estos tiempos litúrgicos.

El segundo elemento, encuadrado como **Reflexión**, recoge pensamientos de los Santos Padres de la Iglesia, que hemos resumido de los textos que propone la misma Iglesia en el Oficio de Lectura de la Liturgia de las Horas. Queremos que todos los cristianos tengan acceso a este auténtico manantial de sabiduría y espiritualidad, desconocido para la mayoría de los fieles.

Finalmente, cada día se cierra con una breve **oración** inspirada en los pensamientos anteriores, y que sólo pretende ser el punto de partida para un diálogo con Dios más extenso y profundo.

La editorial Edibesa quiere con este pequeño libro poner en manos de los cristianos un medio para que el Adviento y la Navidad sean vividos con autenticidad. Cinco minutos de reflexión y oración pueden iluminar las veinticuatro horas de toda la jornada.

Formación

Adviento (de *adventus*, venida, llegada) es el tiempo con el que se inicia el Año Litúrgico y forma una unidad con la Navidad y la Epifanía. Conforme al uso actual (desde 1910), el Adviento comienza el Domingo más cercano a la fiesta de San Andrés Apóstol (30 de noviembre). El color litúrgico es el morado.

Reflexión

Anunciamos la venida de Cristo

Anunciamos la venida de Cristo, pero no una sola, sino también una segunda, mucho más magnífica que la anterior. La primera llevaba consigo un significado de sufrimiento; esta otra, en cambio, llevará la diadema del reino divino.

Pues casi todas las cosas son dobles en nuestro Señor Jesucristo. Doble es su nacimiento: uno, de Dios, desde toda la eternidad; otro, de la Virgen, en la plenitud de los tiempos. Es doble también su descenso: el primero, silencioso, como la lluvia sobre el vellón; el otro, manifiesto, todavía futuro

En la primera venida fue envuelto con fajas en el pesebre; en la segunda, se revestirá de luz como vestidura. En la primera, soportó la cruz sin miedo a la ignominia; en la otra, vendrá glorificado y escoltado por un ejército de ángeles.

No pensamos, pues, tan sólo en la venida pasada; esperamos también la futura. Y, habiendo proclamado en la primera: *Bendito el que viene en nombre del Señor*, diremos eso mismo en la segunda; y, saliendo al encuentro del Señor con los ángeles, aclamaremos, adorándolo: *Bendito el que viene en nombre del Señor*.

San Cirilo de Jerusalén

Oración

Señor, al comienzo del Adviento haz que nos dispongamos a hacer todo lo posible para preparar tu venida, que no escatimemos esfuerzos para arreglar todos los caminos para que puedas llegar hasta nosotros.

• Lunes primero de Adviento •

Formación

El sentido del Adviento es avivar en los creyentes la espera del Señor. Dura cuatro semanas y concluye el 24 de diciembre. La primera semana está centrada en la venida del Señor al final de los tiempos. La liturgia nos invita a estar en vela, manteniendo una especial actitud de conversión.

Reflexión

Cristo está dispuesto a venir

Ha llegado aquel tiempo tan importante y solemne, que debemos vivir en todo momento con fervor, alabando y dando gracias al Padre eterno por la misericordia que en este misterio nos ha manifestado. El Padre, por su inmenso amor hacia nosotros, pecadores, nos envió a su Hijo único, para librarnos de la tiranía y del poder del demonio, invitarnos al cielo e introducirnos en lo más profundo de los misterios de su reino, manifestarnos la verdad, enseñarnos la honestidad de costumbres, comunicarnos el germen de las virtudes, enriquecernos con los tesoros de su gracia y hacernos sus hijos adoptivos y herederos de la vida eterna.

La Iglesia celebra cada año el misterio de este amor tan grande hacia nosotros, exhortándonos a tenerlo siempre presente. A la vez nos enseña que la venida de Cristo no sólo aprovechó a los que vivían en el tiempo del Salvador, sino que su eficacia continúa y aún hoy se nos comunica si queremos recibir, mediante la fe y los sacramentos, la gracia que él nos prometió, y si ordenamos nuestra conducta conforme a sus mandamientos.

La Iglesia desea vivamente hacernos comprender que Cristo está dispuesto a venir en cualquier momento para habitar espiritualmente en nuestra alma con la abundancia de sus gracias, si nosotros, por nuestra parte, quitamos todo obstáculo.

San Carlos Borromeo

Oración

Señor, haz que seamos receptivos a los misterios de salvación que nos manifiestas en la venida de tu Hijo. Que no rechacemos ser tus hijos y vivir en el mundo como tales.

• Martes primero de Adviento •

Formación

El Adviento está dividido en dos partes: desde el comienzo hasta el día 16 de diciembre y desde el 17 hasta el 24. La primera parte tiene un marcado carácter escatológico, mirando a la venida del Señor al final de los tiempos. La segunda parte es la llamada "Semana Santa" de la Navidad, y se orienta a preparar más explícitamente la venida de Jesucristo en la historia, la Navidad.

Reflexión

¿Por qué tantas riquezas de bondad?

El Hijo de Dios, el que es anterior a todos los siglos, el invisible, el incomprensible, el incorpóreo, el que es principio de principio, luz de luz, fuente de vida y de inmortalidad, representación fiel del arquetipo, sello inamovible, imagen absolutamente perfecta, palabra y pensamiento del Padre, él mismo se acerca a la criatura hecha a su imagen y asume la carne para redimir a la carne; se une con un alma racional para salvar mi alma, para purificar lo semejante por lo semejante: asume nuestra condición humana, asemejándose a nosotros en todo, con excepción del pecado.

El que enriquece a otros se hace pobre; soporta la pobreza de mi carne para que yo alcance los tesoros de su divinidad. El que todo lo tiene, de todo se despoja; por un breve tiempo se despoja de su gloria para que yo pueda participar de su plenitud.

¿Por qué tantas riquezas de bondad? ¿Por qué este admirable misterio en favor mío? Recibí la imagen divina y no supe conservarla. Él asume mi carne para dar la salvación al alma creada a su imagen y para dar la inmortalidad a la carne.

Convenía que la santidad fuese otorgada al hombre mediante la humanidad asumida por Dios; de manera que, habiendo vencido con su poder al tirano que nos tenía sojuzgados, nos librara y atrajera nuevamente hacia sí por medio de su Hijo.

San Gregorio Nacianceno

Oración

Señor, Tú que te has hecho pobre para enriquecernos, para que podamos participar de tu plenitud, haz que no nos dejemos seducir por los señuelos de felicidad vinculados a la riqueza y el consumo.

• Miércoles primero de Adviento •

Formación

Las lecturas bíblicas del Adviento están tomadas sobre todo del profeta Isaías y de aquellos profetas del Antiguo Testamento que señalan la llegada del Mesías. Isaías, Juan Bautista y María de Nazaret son los modelos de creyentes que la Iglesia propone en este tiempo.

Reflexión

La venida intermedia del Señor

Conocemos tres venidas del Señor. Además de la primera y de la última, hay una venida intermedia. Aquellas son visibles, pero ésta no. En la primera el Señor se manifestó en la tierra y vivió entre los hombres. En la última *contemplarán todos la salvación que Dios nos envía y mirarán a quien traspasaron.* La venida intermedia es oculta, sólo la ven los elegidos, en sí mismos, y gracias a ella reciben la salvación. En la primera, el Señor vino revestido de la debilidad de la carne; en esta venida intermedia viene espiritualmente, manifestando la fuerza de su gracia; en la última vendrá en el esplendor de su gloria.

Esta venida intermedia es como un camino que conduce de la primera a la última. En la primera Cristo fue nuestra redención; en al última se manifestará como nuestra vida; en esta venida intermedia es nuestro descanso y nuestro consuelo.

No pienses que esta venida intermedia es invención nuestra, oye al mismo Señor: *El que me ama guardará mi palabra; mi Padre lo amará y vendremos a fijar en él nuestra morada.* Si guardas, pues, la palabra de Dios es indudable que Dios te guardará a ti. Vendrá a ti el Hijo con el Padre y él hará nuevas todas las cosas. Gracias a esta venida, *nosotros, que somos imagen del hombre terreno, seremos también imagen del hombre celestial.*

San Bernardo

Oración

Jesús, que te acercas misteriosamente a nosotros cada día, haz que aumentemos la sensibilidad de nuestra mirada y de nuestro oído para poder verte y escucharte en los acontecimientos y rutinas de nuestra vida.

• Jueves primero de Adviento •

Formación

No se puede determinar con exactitud cuándo fue introducida por primera vez en la Iglesia la celebración del Adviento. La preparación para la fiesta de la Navidad no debió ser anterior a la existencia de la misma fiesta, y de ésta no encontramos evidencia antes del final del siglo IV, cuando ya la celebraba toda la Iglesia, en unos lugares el 25 de diciembre, y en otros el 6 de enero.

Reflexión

Permaneced en vela

Para atajar toda pregunta de sus discípulos sobre el momento de su venida, Cristo dijo: *Esa hora nadie la sabe, ni los Ángeles ni el Hijo. No os toca a vosotros conocer los tiempos y las fechas.* Quiso ocultarnos esto para que permanezcamos en vela y para que cada uno de nosotros pueda pensar que ese acontecimiento se producirá durante su vida. Ha dicho muy claramente que vendrá, pero sin precisar en qué momento. Así todas las generaciones y todas las épocas lo esperan ardientemente.

Velad, pues cuando el cuerpo duerme, es la naturaleza quien nos domina; y nuestra actividad entonces no será dirigida por la voluntad, sino por los impulsos de la naturaleza. Y cuando reina sobre el alma un pesado sopor –por ejemplo, la pusilanimidad o la melancolía-, es el enemigo quien domina el alma y la conduce contra su propio gusto. Se adueña del cuerpo la fuerza de la naturaleza, y del alma el enemigo.

Por eso ha hablado nuestro Señor de la vigilancia del alma y del cuerpo, para que el cuerpo no caiga en un pesado sopor ni el alma en el entorpecimiento y el temor, como dice la Escritura: *Sacudíos la modorra, como es razón*; y también: *Me he levantado y estoy contigo;* y todavía: *No os acobardéis.* Por todo ello, nosotros, encargados de este ministerio, no nos acobardamos.

San Efrén

Oración

Señor, que nos invitas a la vigilancia, a no caer en el sueño, el entorpecimiento y el temor. Haz que aceptemos de buen grado que seas Tú quien nos inquiete y estimule; no las cosas de este mundo.

• Viernes primero de Adviento •

Formación

Las Actas de un sínodo celebrado en Zaragoza en el 380 prescriben, en el cuarto canon, que desde el 17 de Diciembre hasta la fiesta de la Epifanía nadie debiera permitirse la ausencia de la iglesia.

Reflexión

Busco tu rostro, Señor

Ea, hombrecillo, deja un momento tus ocupaciones habituales; entra un instante en ti mismo, lejos del tumulto de tus pensamientos. Arroja fuera de ti las preocupaciones agobiantes; aparta de ti tus inquietudes trabajosas. Dedícate algún rato a Dios y descansa siquiera un momento en su presencia. Entra en el aposento de tu alma; excluye todo, excepto Dios y lo que pueda ayudarte para buscarle; y así, cerradas todas las puertas, ve en pos de Él. Di, pues, alma mía, di a Dios: «Busco tu rostro; Señor, anhelo ver tu rostro.»

Y ahora, Señor, mi Dios, enseña a mi corazón dónde y cómo buscarte, dónde y cómo encontrarte.

Señor, si no estás aquí, ¿dónde te buscaré, estando ausente? Si estás por doquier, ¿cómo no descubro tu presencia? Cierto es que habitas en una claridad inaccesible. Pero ¿dónde se halla esa inaccesible claridad?, ¿cómo me acercaré a ella? ¿Quién me conducirá hasta ahí para verte en ella? Y luego, ¿con qué señales, bajo qué rasgo te buscaré? Nunca jamás te vi, Señor, Dios mío; no conozco tu rostro. ¿Qué hará, Altísimo Señor, éste tu desterrado tan lejos de ti? ¿Qué hará tu servidor, ansioso de tu amor, y tan lejos de tu rostro? Anhela verte, tu rostro está muy lejos de él. Desea acercarse a ti, y tu morada es inaccesible.

San Anselmo

Oración

Señor, necesitamos alejarnos de las preocupaciones habituales y del tumulto de nuestros pensamientos para salir a tu encuentro. Que vivamos el Adviento como un tiempo para afinar nuestra sensibilidad.

• Sábado primero de Adviento •

Formación

Un sínodo desarrollado (581) en Mâcon, en la Galia, en su canon noveno, ordena que desde el 11 de
noviembre hasta la Navidad el Sacrificio sea ofreci-
do de acuerdo al rito Cuaresmal los lunes, miércoles
y viernes de la semana, como preparación a la Navidad.

Reflexión

Señor, muéstrate a nosotros

Tu servidor, Señor, arde en el deseo de encontrarte,
e ignora dónde vives. No suspira más que por ti, y
jamás ha visto tu rostro.

Señor, Tú eres mi Dios, mi dueño, y con todo,
nunca te vi. Tú me has creado y renovado, me has
concedido todos los bienes que poseo, y aún no te
conozco. Me creaste, en fin, para verte, y todavía
nada he hecho de aquello para lo que fui creado.
Entonces, Señor, ¿hasta cuándo? ¿Hasta cuándo
te olvidarás de nosotros, apartando de nosotros tu
rostro? ¿Cuándo, por fin, nos mirarás y escucha-
rás? ¿Cuándo llenarás de luz nuestros ojos y nos
mostrarás tu rostro? ¿Cuándo volverás a nosotros?

Míranos, Señor; escúchanos, ilumínanos, muéstrate a nosotros. Manifiéstanos de nuevo tu presencia para que todo nos vaya bien; sin eso todo será malo. Ten piedad de nuestros trabajos y esfuerzos para llegar a ti, porque sin ti nada podemos.

Enséñame a buscarte y muéstrate a quien te busca; porque no puedo ir en tu busca a menos que Tú me enseñes, y no puedo encontrarte si Tú no te manifiestas. Deseando te buscaré, buscando te desearé, amando te hallaré y hallándote te amaré.

San Anselmo

Oración

Señor, enséñanos a buscarte y muéstrate a quien te busca. En este Adviento llénanos de inquietud y haz que nuestro corazón no se enamore de nada ni de nadie, más que de Ti.

• Domingo segundo de Adviento •

Formación

En el año 650 el Adviento era celebrado en España con cinco Domingos. Varios sínodos hicieron cánones sobre los ayunos que observar durante este tiempo, algunos empezaban el 11 de noviembre, otros el 15, y otros con el equinoccio de otoño. Otros sínodos prohibían la celebración del matrimonio durante este tiempo.

Reflexión

Preparad un camino para la Palabra

Una voz grita en el desierto: «Preparad un camino al Señor, allanad una calzada para nuestro Dios». El profeta declara abiertamente que su vaticinio no ha de realizarse en Jerusalén, sino en el desierto; a saber, que se manifestará la gloria del Señor, y la salvación de Dios llegará a conocimiento de todos los hombres. Y todo esto, de acuerdo con la historia y a la letra, se cumplió precisamente cuando Juan Bautista predicó el advenimiento salvador de Dios en el desierto del Jordán, donde la salvación de Dios se dejó ver. Pues Cristo y su gloria se pusieron de manifiesto para todos cuando, una vez bautizado, se abrieron los cielos y el Espíritu Santo descendió en forma de paloma y se posó sobre Él, mientras se oía la voz del Padre que daba testimonio de su Hijo: *Éste es mi Hijo, el amado; escuchadlo.*

Todo esto se decía porque Dios había de presentarse en el desierto, impracticable e inaccesible desde siempre. Se trataba, en efecto, de todas las gentes privadas del conocimiento de Dios, con las que no pudieron entrar en contacto los justos de Dios y los profetas.

Por este motivo, aquella voz manda preparar un camino para la Palabra de Dios, así como allanar sus obstáculos y asperezas, para que cuando venga nuestro Dios pueda caminar sin dificultad.

Eusebio de Cesarea

Oración

Señor, quisiéramos que pudieras caminar por nuestra vida y nuestro mundo sin obstáculos ni asperezas, pero no somos capaces de conseguirlo con sólo nuestras fuerzas. Sólo si Tú nos ayudas será posible. Te lo pedimos.

• Lunes segundo de Adviento •

Formación

La segunda semana de Adviento nos invita, por medio de Juan el Bautista a «preparar los caminos del Señor»; esto es, a mantener una actitud de permanente conversión. Jesús sigue llamándonos, pues la conversión es un camino que se recorre durante toda la vida.

Reflexión

Pon los ojos sólo en Él

En darnos como Dios nos dio a su Hijo –que es una Palabra suya, que no tiene otra-, todo nos lo habló junto y de una vez en esta sola Palabra, y no tiene más que hablar.

Por lo cual, el que ahora quisiese preguntar a Dios o querer alguna visión o revelación, no sólo haría agravio a Dios, no poniendo los ojos totalmente en Cristo, sin querer otra cosa o novedad. Porque le podría responder Dios de esta manera: «Si te tengo ya hablado todas las cosas en mi Palabra, que es mi Hijo, y no tengo otra cosa que te pueda revelar o responder que sea más que eso, pon los ojos sólo en Él; porque en Él te lo tengo puesto todo y dicho y revelado, y hallarás en Él aún más de lo que pides y deseas.

Porque desde el día que bajé con mi espíritu sobre Él en el monte Tabor, diciendo: *Éste es mi amado Hijo en que me he complacido; a Él oíd*, ya alcé yo la mano de todas esas maneras de enseñanzas y respuestas, y se la di a Él; oídle a Él, porque yo no tengo más fe que revelar, más cosas que manifestar. Que si antes hablaba, era prometiéndoos a Cristo; y si me preguntaban, eran las preguntas encaminadas a la petición y esperanza de Cristo, en que habían de hallar todo bien, como ahora lo da a entender toda la doctrina de los evangelistas y apóstoles».

San Juan de la Cruz

Oración

Señor, Tú que llenas todas nuestras esperanzas y anhelos, haz que en estos días de Adviento purifiquemos nuestros deseos para poder recibirte con todo nuestro corazón.

• Martes segundo de Adviento •

Formación

En la Iglesia Griega no encontramos documentos sobre la observancia del Adviento hasta el siglo VIII. San Teodoro el Estudita (m. 826), que habló de las fiestas y ayunos celebrados comúnmente por los griegos, no hace mención de este tiempo.

Reflexión

Hemos de tener paciencia

Es saludable aviso del Señor, nuestro Maestro, que *el que persevere hasta el final se salvará.* Hemos de tener paciencia y perseverar para que, después de haber sido admitidos a la esperanza de la verdad y de la libertad, podamos alcanzar la verdad y la libertad mismas. Porque el que seamos cristianos es por la fe y la esperanza; pero es necesaria la paciencia, para que esta fe y esta esperanza lleguen a dar su fruto.

Pues no vamos en pos de una gloria presente; buscamos la futura, conforme a la advertencia del Apóstol Pablo cuando dice: *En esperanza fuimos salvados. Y una esperanza que se ve ya no es esperanza. ¿Cómo seguirá esperando uno aquello que se ve? Cuando esperamos lo que no vemos, aguardamos con perseve-*

rancia. Así pues, la esperanza y la paciencia nos son necesarias para completar en nosotros lo que hemos empezado a ser, y para conseguir, por concesión de Dios, lo que creemos y esperamos.

Nadie, por impaciencia, decaiga en el bien obrar o, solicitado y vencido por la tentación, renuncie en medio de su brillante carrera, echando así a perder el fruto de lo ganado, por dejar sin terminar lo que empezó.

San Cipriano

Oración

Te pedimos, Señor, que seamos constantes y animosos en el bien obrar para poder así alcanzar la verdad y la libertad misma que viene a nosotros.

• Miércoles segundo de Adviento •

Formación

En el siglo VIII encontramos en la Iglesia Griega que, desde el 15 noviembre a la Navidad, el Adviento es observado no como una celebración litúrgica, sino como un tiempo de ayuno y abstinencia que fue posteriormente reducido a siete días. Pero un concilio de los Rutenianos (1720) ordenaba el ayuno de acuerdo a la vieja regla desde el 15 de noviembre.

Reflexión

Le hizo camino

Dios estableció el tiempo de sus promesas y el momento de su cumplimiento. El período de las promesas se extiende desde los profetas hasta Juan Bautista. El del cumplimiento, desde éste hasta el fin de los tiempos.

Prometió la salud eterna, la vida bienaventurada en la compañía eterna de los Ángeles, la herencia inmarcesible, la gloria eterna, la dulzura de su rostro, la casa de su santidad en los cielos y la liberación del miedo a la muerte, gracias a la resurrección de los muertos. Prometió a los hombres la divinidad, a los mortales la inmortalidad, a los pecadores la justificación, a los miserables la glorificación.

Sin embargo, hermanos, como a los hombres les parecía increíble lo prometido por Dios –a saber, que los hombres habían de igualarse a los Ángeles de Dios, saliendo de esta mortalidad, corrupción, bajeza, debilidad, polvo y ceniza–, no sólo entregó la Escritura a los hombres para que creyesen, sino que también puso un mediador de su fidelidad: a su Hijo único. Por medio de éste había de mostrarnos y ofrecernos el camino por donde nos llevaría al fin prometido. Poco hubiera sido para Dios haber hecho a su Hijo manifestador del camino. Por eso, le hizo camino, para que, bajo su guía, pudieras caminar por Él.

San Agustín

Oración

Señor, Tú que nos has mostrado el camino para llegar a ti y ser felices en tu Hijo Jesucristo, haz que le recibamos entre nosotros como un hermano y sigamos el ejemplo de su vida.

• Jueves segundo de Adviento •

Formación

En orden a hacer sensible la preparación a la venida del Señor, la liturgia suprime durante el Adviento una serie de elementos festivos. Así, en la misa no se reza el Gloria, se reduce la música con instrumentos y los adornos festivos, las vestiduras son de color morado, el decorado de la Iglesia es más sobrio, etc.

Reflexión

Déjame ver tu figura

Al ver Dios que el temor arruinaba el mundo, trató inmediatamente de volverlo a llamar con amor, de invitarlo con su gracia, de sostenerlo con su caridad, de vinculárselo con su afecto.

Y cuando la llama del amor divino prendió en los corazones humanos y toda la ebriedad del amor de Dios se derramó sobre los humanos sentidos, los hombres comenzaron a querer contemplar a Dios con sus ojos carnales.

Pero la angosta mirada humana ¿cómo iba a poder abarcar a Dios, al que no abarca todo el mundo creado? La exigencia del amor no atiende a lo que va a ser, o a lo que debe o puede ser. El amor ignora el juicio, carece de razón, no conoce la medida. El amor no se aquieta ante lo imposible, no se remedia con la dificultad. El amor es capaz de matar al amante si no puede alcanzar lo deseado; va a donde se siente arrastrado, no a donde debe ir.

El amor engendra el deseo, se crece con el ardor y, por el ardor, tiende a lo inalcanzable. ¿Y qué más? El amor no puede quedarse sin ver lo que ama: por eso los santos tuvieron en poco todos sus merecimientos, si no iban a poder ver a Dios. Moisés se atreve por ello a decir: *Si he obtenido tu favor, enséñame tu gloria.* Y otro dice también: *Déjame ver tu figura.*

San Pedro Crisólogo

Oración

Señor, ayúdanos a vivir no desde el temor sino desde el amor para que, así, podamos contemplarte día a día en nuestra vida.

• Viernes segundo de Adviento •

Formación

La sobriedad en la liturgia del Adviento es una manera de expresar visiblemente que, mientras dura nuestro peregrinar, nos falta algo para que nuestro gozo sea completo. Y es que quien espera es porque le falta algo. Cuando el Señor se haga presente en medio de su pueblo, habrá llegado la Iglesia a su fiesta completa, significada por solemnidad de la fiesta de la Navidad.

Reflexión

Para que ascendamos a la vida

De la misma manera que Eva, seducida por las palabras del diablo, se apartó de Dios, desobedeciendo su mandato, así María fue evangelizada por las palabras del Ángel, para llevar a Dios en su seno, gracias a la obediencia a su palabra. Y si aquélla se dejó seducir para desobedecer a Dios, ésta se dejó persuadir a obedecerle, con lo que la Virgen María se convirtió en abogada de la virgen Eva.

Cristo fue constituido cabeza, pues declaró la guerra a nuestro enemigo, derrotó al que en un principio, por medio de Adán, nos había hecho prisioneros, y quebrantó su cabeza, como encontramos dicho por Dios a la serpiente en el Génesis: *Establezco hostilidades entre ti y la mujer, entre tu estirpe y la suya; ella te herirá en la cabeza, cuando tú la hieras en el talón.*

Con estas palabras, se proclama de antemano que aquel que había de nacer de una doncella y ser semejante a Adán habría de quebrantar la cabeza de la serpiente. Pues el enemigo no hubiese sido derrotado con justicia si su vencedor no hubiese sido un hombre nacido de mujer.

Por esta razón el mismo Señor se confiesa Hijo del hombre, y recapitula en sí mismo a aquel hombre primordial: para que así como nuestra raza descendió a la muerte a causa de un hombre vencido, ascendamos del mismo modo a la vida gracias a un hombre vencedor.

San Ireneo

Oración

Señor, que como María, seamos obedientes a tu Palabra para que podamos hacer presente a Cristo en nuestras vidas y en nuestra sociedad.

• Sábado segundo de Adviento •

Formación

Los salmos responsoriales del tiempo de Adviento
cantan la salvación de Dios que viene; son plegarias
pidiendo su venida y su gracia.

Reflexión

María y la Iglesia

El Hijo de Dios es el primogénito entre muchos hermanos, y, siendo por naturaleza único, atrajo hacia sí
muchos por la gracia, para que fuesen uno solo con Él.
Pues da poder para ser hijos de Dios a cuantos lo reciben.

Así pues, hecho hijo del hombre, hizo a muchos
hijos de Dios. Atrajo a muchos hacia sí, único como
es por su caridad y su poder: y todos aquellos que
por la generación carnal son muchos, por la regeneración divina son uno solo con Él.

Cristo es, pues, uno, formando un todo la cabeza
y el cuerpo: uno nacido del único Dios en los cielos
y de una única madre en la tierra; muchos hijos, a la
vez que un solo hijo.

Pues así como la cabeza y los miembros son un
hijo a la vez que muchos hijos, asimismo María y la

Iglesia son una madre y varias madres; una virgen y muchas vírgenes.

Ambas son madres, y ambas vírgenes; ambas concibieron sin voluptuosidad por obra del mismo Espíritu; ambas dieron a luz sin pecado la descendencia de Dios Padre. María, sin pecado alguno, dio a luz la cabeza del cuerpo; la Iglesia, por la remisión de los pecados, dio a luz el cuerpo de la cabeza. Ambas son la madre de Cristo, pero ninguna de ellas dio a luz al Cristo total sin la otra.

Beato Isaac

Oración

Señor, que nos has dado a María por madre y nos has hecho nacer a la fe en el seno de la Iglesia, te pedimos que seamos siempre hijos agradecidos de los que se sientan orgullosas nuestra madre María y nuestra madre la Iglesia.

• Domingo tercero de Adviento •

Formación

La tercera semana de Adviento preanuncia ya la alegría mesiánica, pues ya está cada vez más cerca el día de la venida del Señor. La liturgia de este domingo presenta el testimonio de María, la Madre del Señor, que vive sirviendo y ayudando al prójimo.

Reflexión

Allanad el camino al Señor

Juan era la voz, pero el Señor es la Palabra que en el principio ya existía. Juan era una voz provisional; Cristo, desde el principio, es la Palabra eterna. Quita la palabra, ¿y qué es la voz? Si no hay concepto, no hay más que un ruido vacío. La voz sin la palabra llega al oído, pero no edifica el corazón. Y porque resulta difícil distinguir la palabra de la voz, tomaron a Juan por el Mesías. La voz fue confundida con la palabra: pero la voz se reconoció a sí misma, para no ofender a la palabra. Dijo: *No soy el Mesías, ni Elías, ni el Profeta.*

Yo soy la voz que grita en el desierto: «Allanad el camino del Señor». La voz que grita en el desierto, la voz que rompe el silencio. *Allanad el camino del Señor,* como si dijera: «Yo resueno para introducir la palabra en el corazón; pero ésta no se dignará venir a donde yo trato de introducirla, si no le allanáis el camino».

¿Qué quiere decir: *Allanad el camino*, sino: «Suplicad debidamente»? ¿Qué significa: *Allanad el camino*, sino: «Pensad con humildad»? Aprended del mismo Juan un ejemplo de humildad. Le tienen por el Mesías, y niega serlo; no se le ocurre emplear el error ajeno en beneficio propio; no permitió que lo confundieran, se humilló a sí mismo. Comprendió que no era más que una antorcha, y temió que el viento de la soberbia la pudiese apagar.

San Agustín

Oración

Haz, Señor, que seamos humildes como Juan el Bautista, sólo así podremos preparar el camino a tu Hijo que viene a nosotros.

• Lunes tercero de Adviento •

Formación

La Corona de Adviento tiene su origen en una tradición pagana europea que consistía en prender velas durante el invierno para representar al fuego del dios sol, para que regresara con su luz y calor durante el invierno. Los primeros misioneros aprovecharon esta tradición para evangelizar.

Reflexión

Él nos amó primero

Tú eres en verdad el único Señor, tú, cuyo dominio sobre nosotros es nuestra salvación; y nuestro servicio a ti no es otra cosa que ser salvados por ti.

¿Cuál es tu salvación, Señor, origen de la salvación, y cuál tu bendición sobre tu pueblo, sino el hecho de que hemos recibido de ti el don de amarte y de ser por ti amados?

Por esto has querido que el Hijo de tu diestra, el hombre que has confirmado para ti, sea llamado Jesús, es decir, Salvador, porque *él salvará a su pueblo de los pecados,* y *ningún otro puede salvar.* Él nos ha enseñado a amarlo cuando, antes que nadie, nos ha amado hasta la muerte en la cruz.

Por su amor y afecto suscita en nosotros el amor hacia él, que fue el primero en amarnos hasta el extremo.

Así es, desde luego. Tú nos amaste primero para que nosotros te amáramos. No es que tengas necesidad de ser amado por nosotros; pero nos habías hecho para algo que no podíamos ser sin amarte.

Por eso, habiendo hablado antiguamente a nuestros padres por los profetas, en distintas ocasiones y de muchas maneras, en estos últimos días nos has hablado por medio del Hijo, tu Palabra, por quien los cielos han sido consolidados y cuyo soplo produjo todos sus ejércitos.

Guillermo, abad

Oración

Señor, ayúdanos a corresponder generosamente al amor que Jesús nos ha mostrado viniendo a nuestro mundo y entregando su vida por nosotros.

• Martes tercero de Adviento •

Formación

La forma circular de la Corona de Adviento simboliza que el amor de Dios es eterno, sin principio y sin fin, y también que nuestro amor a Dios y al prójimo nunca debe de terminar.

Reflexión

Nos dirigiste la palabra por medio de tu Hijo

Tal es la Palabra que tú nos dirigiste, Señor: el Verbo todopoderoso, que, en medio del silencio que mantenían todos los seres —es decir, el abismo del error—, vino desde el trono real de los cielos a destruir enérgicamente los errores y a hacer prevalecer dulcemente el amor.

Y todo lo que hizo, todo lo que dijo sobre la tierra, hasta los oprobios, los salivazos y las bofetadas, hasta la cruz y el sepulcro, no fue otra cosa que la palabra que tú nos dirigías por medio de tu Hijo, provocando y suscitando, con tu amor, nuestro amor hacia ti.

Sabías, en efecto, Dios creador de las almas, que las almas de los hombres no pueden ser constreñidas a ese afecto, sino que conviene estimularlo; porque donde hay coacción, no hay libertad, y donde no hay libertad, no existe justicia tampoco.

Quisiste, pues, que te amáramos los que no podíamos ser salvados por la justicia, sino por el amor; pero no podíamos tampoco amarte sin que este amor procediera de ti. Así pues, Señor, tú nos amaste primero y te adelantas en el amor a todos los que te aman.

Guillermo, abad

Oración

Nos has salvado por el amor, Señor. Llénanos de ese amor del que Tú eres la fuente para que podamos sembrar por el mundo tu palabra con nuestros actos.

• Miércoles tercero de Adviento •

Formación

Las ramas y el color verde de la Corona de Adviento significan la esperanza y vida. Dios quiere que esperemos su gracia, el perdón de los pecados y la gloria eterna al final de nuestras vidas.

Reflexión

Enlazó al hombre con Dios

Hay un solo Dios, quien por su palabra y su sabiduría ha hecho y puesto en orden todas las cosas. Su Palabra, nuestro Señor Jesucristo, en los últimos tiempos se hizo hombre entre los hombres para enlazar el fin con el principio, es decir, el hombre con Dios.

Por eso, los profetas, después de haber recibido de esa misma Palabra el carisma profético, han anunciado de antemano su venida según la carne, mediante la cual se han realizado, como quería el beneplácito del Padre, la unión y comunión de Dios y del hombre.

Desde el comienzo, la Palabra había anunciado que Dios sería contemplado por los hombres, que viviría y conversaría con ellos en la tierra, que se haría presente a la criatura por él modelada para salvarla y ser conocido por ella, y, librándonos de la mano de todos los que nos odian, a saber, de todo espíritu de desobediencia, hacer que le sirvamos con santidad y justicia todos nuestros días, a fin de que, unido al espíritu de Dios, el hombre viva para gloria del Padre.

San Ireneo

Oración

Señor, que por medio de Jesucristo nos has unido a Ti, haz que te sirvamos con santidad y justicia todos nuestros días.

• Jueves tercero de Adviento •

Formación

Las cuatro velas de la Corona de Adviento remiten a la oscuridad provocada por el pecado que oscurece la visión del hombre y lo aleja de Dios. Sin embargo, tras la caída del hombre, Dios no le cerró las puertas de la salvación, sino que alentó la esperanza, simbolizada por la luz de las velas de Adviento.

Reflexión

El Espíritu nos prepara para ver al Hijo de Dios

Según su amor, su bondad hacia los hombres y su omnipotencia, el Padre llega hasta a conceder a quienes le aman el privilegio de ver a Dios, como profetizaban los profetas, pues lo que el hombre no puede, lo puede Dios.

El hombre por sí mismo no puede ver a Dios, pero Dios, si quiere, puede manifestarse a los hombres: a quien quiera, cuando quiera y como quiera. Dios, que todo lo puede, fue visto en otro tiempo por los profetas en el Espíritu, ahora es visto en el Hijo gracias a la adopción filial y será visto en el reino de los cielos como Padre. En efecto, el Espíritu prepara al hombre para recibir al Hijo de Dios, el Hijo lo conduce al Padre, y el Padre en la vida eterna le da la inmortalidad, que es la consecuencia de ver a Dios.

Pues del mismo modo que quienes ven la luz están en la luz y perciben su esplendor, así también los que ven a Dios están en Dios y perciben su esplendor. Ahora bien, la claridad divina es vivificante. Por tanto, los que contemplan a Dios tienen parte en la vida divina.

San Ireneo

Oración

Prepáranos, Señor, por medio de tu Espíritu, para recibir a tu Hijo y haz, que nos dejemos guiar por él para poder contemplarte a ti por toda la eternidad.

• Viernes tercero de Adviento •

Formación

La vela blanca de la Corona de Adviento simboliza la persona de Jesucristo, el hijo de Dios, nuestro Salvador, que viene para ser luz en medio de las tinieblas y liberarnos de la opresión del pecado. Él es la fuente de nuestra fe, de nuestra esperanza.

Reflexión

Tu deseo es tu oración

Tu deseo es tu oración; si el deseo es continuo, continua también es la oración. No en vano dijo el Apóstol: Orad sin cesar. Existe una oración interior y continua, que es el deseo. Si no quieres dejar de orar, no interrumpas el deseo.

La frialdad en el amor es el silencio del corazón; el fervor del amor es el clamor del corazón. Mientras la caridad permanece, estás clamando siempre.

Todo mi deseo está en tu presencia. ¿Qué sucederá si delante de Dios está el deseo y no el gemido? Pero ¿cómo va a ocurrir esto, si el gemido es la voz del deseo? Por eso añade el salmo: No se te ocultan mis gemidos. Para ti no están ocultos; sin embargo, para muchos hombres lo están. De vez en cuando puede advertirse que también sonríe el siervo de Dios: ¿puede acaso, por su risa, deducirse que murió en su corazón aquel deseo? Si tu deseo está en tu interior también lo está el gemido; quizá el gemido no llega siempre a los oídos del hombre, pero jamás se aparta de los oídos de Dios.

San Agustín

Oración

A Ti, Señor, a quien no se te ocultan los deseos, mira nuestro corazón que espera anhelante la venida de tu Hijo y llénanos de alegría con su presencia.

• 17 de diciembre •

Formación

La vela amarilla de la Corona de Adviento representa la fe en Cristo. Por la fe aceptamos que toda revelación viene de Dios para comprender los asuntos que el hombre no puede llegar a conocer por su propia cuenta. Cristo es el autor de nuestra fe y sólo por ella el justo vivirá.

Reflexión

Hemos nacido de nuevo

De nada sirve reconocer a nuestro Señor como hijo de la bienaventurada Virgen María y como hombre verdadero y perfecto, si no se le cree descendiente de aquella estirpe que en el Evangelio se le atribuye. Pues dice Mateo: *Genealogía de Jesucristo, hijo de David, hijo de Abrahán;* y a continuación viene el orden de su origen humano hasta llegar a José, con quien se hallaba desposada la madre del Señor.

Ninguna de aquellas figuras era el cumplimiento del misterio de nuestra reconciliación, porque el Espíritu Santo aún no había descendido a la Virgen para que la Palabra hubiera podido ya hacerse carne dentro de las virginales entrañas. El Creador de los tiempos no había nacido aún en el tiempo, haciendo que la forma de Dios y la de siervo se encontraran en una sola persona.

Pues de no haber sido *porque* el hombre nuevo, *encarnado en una carne pecadora como la nuestra*, aceptó nuestra antigua condición, la humanidad hubiera seguido para siempre bajo la cautividad del demonio. Y no hubiésemos podido beneficiarnos de la victoria del triunfador, si su victoria se hubiera logrado al margen de nuestra naturaleza.

Por esta admirable participación ha brillado para nosotros el misterio de la regeneración, de tal manera que hemos nacido de nuevo de un origen espiritual.

San León Magno

Oración

Señor, que quieres que nos apartemos de las obras de las tinieblas y sigamos las obras de la luz, te pedimos que estos días previos a la Navidad nos dispongamos a dejarnos iluminar por tu Hijo Jesucristo.

• 18 de diciembre •
Nuestra Señora de la O

Formación

La vela roja de la Corona de Adviento nos recuerda que toda la Sagrada Escritura nos habla de que Dios es amor. Por amor, Dios decidió enviar a su Hijo para salvarnos. Jesús es el ejemplo perfecto de ese amor.

Reflexión

Dios se compadeció de nosotros

Nadie pudo ver ni dar a conocer a Dios, sino que fue Él mismo quien se reveló. Y lo hizo mediante la fe, único medio de ver a Dios. Pues el Señor y Creador de todas las cosas, no sólo amó a los hombres, sino que fue también paciente con ellos. Siempre fue, es y seguirá siendo benigno, bueno, incapaz de ira y veraz; más aún, es el único bueno.

Mientras Dios mantenía en lo oculto su designio, podía parecer que nos tenía olvidados y no se preocupaba de nosotros; pero, una vez que, por medio de su Hijo querido, reveló y manifestó todo lo que se hallaba preparado desde el comienzo, puso todas las cosas a nuestra disposición: la posibilidad de disfrutar de sus beneficios y la posibilidad de verlos y comprenderlos. ¿Quién de nosotros se hubiera atrevido a imaginar jamás tanta generosidad?

Dios permitió que, hasta la venida del Salvador, nos dejáramos arrastrar, a nuestro arbitrio, por desordenados impulsos, no porque se complaciese con nuestros pecados, sino por tolerancia. Y cuando nuestra injusticia llegó a su colmo y el suplicio de la muerte, su recompensa, nos amenazaba, no se dejó llevar del odio hacia nosotros, ni nos rechazó, ni se vengó, sino que soportó y echó sobre sí con paciencia nuestros pecados, asumiéndolos compadecido por nosotros, y entregó a su propio Hijo como precio de nuestra redención.

De la Carta a Diogneto

Oración

Señor, que has querido revelarte a nosotros en el misterio de la Encarnación de tu Hijo, haznos buenos y pacientes para que podamos atender a lo que Jesús espera de nosotros.

• 19 de diciembre •

Formación

La vela azul de la Corona de Adviento representa la justicia de Dios. La justicia es resultado del amor. Dios es misericordioso y por eso es justo. Jesucristo nos invitó a buscar el reino de Dios y su justicia. Esta justicia basada en el amor es lo que debemos practicar como cristianos.

Reflexión

El Señor nos dio una señal

La gloria del hombre es Dios; el hombre, en cambio, es el receptáculo de la actuación de Dios, de toda su sabiduría y su poder.

Si el hombre acoge sin vanidad ni jactancia la verdadera gloria procedente de cuanto ha sido creado y de quien lo creó, y si permanece en el amor, en la sumisión y en la acción de gracias a Dios, recibirá de Él aún más gloria, así como un acrecentamiento de su propio ser, hasta hacerse semejante a aquel que murió por él.

Porque el Hijo de Dios se encarnó *en una carne pecadora como la nuestra*, a fin de condenar al pecado y, una vez condenado, arrojarlo fuera de la carne.

Asumió la carne para incitar al hombre a hacerse semejante a Él y para proponerle a Dios *como modelo a quien imitar*. Le impuso la obediencia al Padre para que llegara a ver a Dios, dándole así el poder de alcanzar al Padre. La Palabra de Dios, que habitó en el hombre, se hizo también *Hijo del hombre*, para habituar al hombre a percibir a Dios, y a Dios a habitar en el hombre, según el beneplácito del Padre.

Por esta razón el mismo *Señor nos dio como señal* de nuestra salvación al que es *Dios-con-nosotros, nacido de la Virgen*, ya que era *el Señor mismo* quien *salvaba a aquellos* que no tenían posibilidad de salvarse por sí mismos.

San Ireneo

Oración

Señor, haz que permanezcamos en el amor, la sumisión y la acción de gracias para que recibamos la plenitud de tu gloria.

Formación

La vela verde de la Corona de Adviento simboliza la esperanza del cristiano, la cual debe sustentarse en Cristo y provocar en el creyente un pensamiento crítico sobre el pasado, el presente y el futuro; conoce la crisis y se aferra a la promesa divina.

Reflexión

Aquí está la esclava del Señor

Oíste, Virgen, que concebirás y darás a luz a un hijo; oíste que no será por obra de varón, sino por obra del Espíritu Santo. Mira que el Ángel aguarda tu respuesta, porque ya es tiempo de que se vuelva al Señor que lo envió. También nosotros, los condenados infelizmente a muerte por la divina sentencia, esperamos, Señora, esta palabra de misericordia.

Se pone entre tus manos el precio de nuestra salvación; enseguida seremos librados si consientes. Por la Palabra eterna de Dios fuimos todos creados, y a pesar de eso morimos; mas por tu breve respuesta seremos ahora restablecidos para ser llamados de nuevo a la vida.

Da pronto tu respuesta. Responde presto al Ángel, o, por mejor decir, al Señor por medio del Ángel; responde una palabra y recibe al que es la Palabra; pronuncia tu palabra y concibe la divina; emite una palabra fugaz y acoge en tu seno a la Palabra eterna.

Abre, Virgen dichosa, el corazón a la fe, los labios al consentimiento, las castas entrañas al Criador. Mira que el deseado de todas las gentes está llamando a tu puerta. Si te demoras en abrirle, pasará adelante, y después volverás con dolor a buscar al amado de tu alma. Levántate, corre, abre. Levántate por la fe, corre por la devoción, abre por el consentimiento.

Aquí está –dice la Virgen- *la esclava del Señor; hágase en mí según tu palabra.*

San Bernardo

Oración

Virgen María, haz que como tú abramos nuestro corazón a la fe y los labios al consentimiento para que Jesús venga a nosotros.

• 21 de diciembre •

Formación

Las manzanas rojas que adornan la Corona de Adviento representan los frutos del jardín del Edén con Adán y Eva, que trajeron el pecado al mundo pero recibieron también la promesa de salvación. La cenefa roja representa nuestro amor a Dios y el amor de Dios que nos envuelve.

Reflexión

Todo creyente engendra la Palabra

En el momento en que *Isabel oyó el saludo de María, saltó la criatura en su vientre, y ella se llenó del Espíritu Santo.* Considera la precisión y exactitud de cada palabra: Isabel fue la primera en oír la voz, pero Juan fue el primero en experimentar la gracia, porque Isabel escuchó según las facultades de la naturaleza, pero Juan, en cambio, se alegró a causa del misterio. Isabel sintió la proximidad de María, Juan la del Señor; la mujer oyó la salutación de la mujer, el hijo sintió la presencia del Hijo; ellas proclaman la gracia, ellos, viviéndola interiormente, logran que sus madres se aprovechen de este don hasta tal punto que, con un doble milagro, ambas empiezan a profetizar por inspiración de sus propios hijos.

El niño saltó de gozo y la madre fue llena del Espíritu Santo, pero no fue enriquecida la madre antes que el hijo, sino que, después que fue repleto el hijo, quedó también colmada la madre. Juan salta de gozo y María se alegra en su espíritu. En el momento que Juan salta de gozo, Isabel se llena del Espíritu, pero, si observas bien, de María no se dice que fuera llena del Espíritu, sino que se afirma únicamente que se alegró en su espíritu (pues en ella actuaba ya el Espíritu); en efecto, Isabel fue llena del Espíritu después de concebir; María, en cambio, lo fue ya antes de concebir, pues toda alma creyente concibe y engendra la Palabra de Dios y reconoce sus obras.

San Ambrosio

Oración

Señor, haz que como Juan el Bautista se llene de alegría nuestro corazón por la Encarnación de tu Hijo, y que, como María, actuemos siempre tu Espíritu.

Formación

La cuarta semana de Adviento ya nos habla del advenimiento o venida del Hijo de Dios al mundo. María es figura central, y su espera es modelo y estímulo de nuestra espera.

Reflexión

Proclama mi alma
la grandeza del Señor

María dijo: Proclama mi alma la grandeza del Señor, se alegra mi espíritu en Dios, mi Salvador. «El Señor –dice– me ha engrandecido con un don tan inmenso y tan inaudito, que no hay posibilidad de explicarlo con palabras, ni apenas el afecto más profundo del corazón es capaz de comprenderlo; por ello ofrezco todas las fuerzas del alma en acción de gracias, y me dedico con todo mi ser, mis sentidos y mi inteligencia a contemplar con agradecimiento la grandeza de aquel que no tiene fin, ya que mi espíritu se complace en la eterna divinidad de Jesús, mi Salvador, con cuya temporal concepción ha quedado fecundada mi carne.»

Porque el Poderoso ha hecho obras grandes por mí: su nombre es santo. Sólo aquella alma a la que el Señor se digna hacer grandes favores puede proclamar la grandeza del Señor con dignas alabanzas.

Dios ha mirado la humillación de su sierva. Quien rechaza la humillación tampoco puede acoger la salvación, ni exclamar con el profeta: *Dios es mi auxilio, el Señor sostiene mi vida.*

Como lo había prometido a nuestros padres, en favor de Abrahán y su descendencia por siempre. No se refiere a la descendencia carnal de Abrahán, sino a la espiritual; no habla sólo de los nacidos de su carne, sino de los que siguieron las huellas de su fe, lo mismo dentro que fuera de Israel.

San Beda el Venerable

Oración

Señor, haz que como María nos dediquemos con todo nuestro ser, nuestros sentidos y nuestra inteligencia, a contemplar tu grandeza y complacernos en la divinidad de Jesús.

• 23 de diciembre •

Formación

Isaías es el profeta por excelencia del tiempo de Adviento. Es asombrosamente próximo a la sensibilidad actual por su deseo de liberación y ansia de Dios, por el compromiso de su vida y su lucha constante.

Reflexión

La Palabra se hizo visible

Hay un único Dios que sólo puede ser conocido a través de las Escrituras. Por ello debemos penetrar en todas las cosas que nos anuncian y profundizar en lo que nos enseñan.

Debemos conocer al Padre como Él desea ser conocido, debemos glorificar al Hijo como el Padre desea que lo glorifiquemos, debemos recibir al Espíritu Santo como el Padre desea dárnoslo. En todo debemos proceder no según nuestro arbitrio ni según nuestros propios sentimientos ni haciendo violencia a los deseos de Dios, sino según los caminos que el mismo Señor nos ha dado a conocer en las Santas Escrituras.

Cuando sólo existía Dios y nada había aún que coexistiera con Él, el Señor quiso crear al mundo.

Lo creó por su inteligencia, por su voluntad y por su palabra; y el mundo llegó a la existencia tal como Él lo quiso y cuando Él lo quiso.

Y como Dios contenía en sí mismo a la Palabra, aunque ella fuera invisible para el mundo creado, cuando Dios hizo oír su voz, la Palabra se hizo entonces visible; así, de la luz que es el Padre salió la luz que es el Hijo, y la imagen del Señor fue como reproducida en el ser de la criatura; de esta manera el que al principio era sólo visible para el Padre empezó a ser visible también para el mundo, para que éste, al contemplarlo, pudiera alcanzar la salvación.

San Hipólito

Oración

Señor, ayúdanos a estar más pendientes de tu Palabra, a leer y meditar las Escrituras, para que así podamos conocerte más cada día.

• 24 de diciembre •

Formación

El profeta Isaías es un visionario del Reino de Dios que se inaugura con la llegada del Príncipe de la Paz y de la Justicia. Hoy el Reino se hace realidad en Jesús de Nazaret, luz en medio de las tinieblas.

Reflexión

Celebremos el día afortunado

Despiértate: Dios se ha hecho hombre por ti. *Despierta, tú que duermes, levántate de entre los muertos, y Cristo será tu luz.* Por ti precisamente, Dios se ha hecho hombre.

Hubieses muerto para siempre, si Él no hubiera nacido en el tiempo. Nunca te hubieses visto libre de la carne del pecado, si Él no hubiera aceptado la semejanza de la carne de pecado. Una inacabable miseria se hubiera apoderado de ti, si no se hubiera llevado a cabo esta misericordia. Nunca hubieras vuelto a la vida, si Él no hubiera venido al encuentro de tu muerte. Te hubieras derrumbado, si Él no te hubiera ayudado. Hubieras perecido, si Él no hubiera venido.

Celebremos con alegría el advenimiento de nuestra salvación y redención. Celebremos el día afortunado en el que quien era el inmenso y eterno día, que procedía del inmenso y eterno día, descendió hasta este día nuestro tan breve y temporal. *Éste se convirtió para nosotros en justicia, santificación y redención: y así* –como dice la Escritura-: *El que gloríe, que se gloríe en el Señor.*

Pues *la verdad brota de la tierra*: Cristo, que dijo: *Yo soy la verdad*, nació de una virgen. *Y la justicia mira desde el cielo*: puesto que, al creer en el que ha nacido, el hombre no se ha encontrado justificado por sí mismo, sino por Dios.

San Agustín

Oración

Señor, estamos alegres por tu venida. Gracias por la salvación que nos traes y por estar siempre de nuestra parte aunque no nos lo merezcamos.

• 25 de diciembre •
Natividad del Señor

Formación

Durante los primeros siglos del cristianismo no se celebraba la Navidad. Esta fiesta fue introducida en la Iglesia Romana en el siglo IV (345) y oficializada en el siglo V. Como el día exacto del nacimiento de Cristo no se conoce, la Iglesia eligió el mismo día de la antigua festividad romana de la *Brumalia* (25 de diciembre), que seguía a la *Saturnalia* (17-24 de diciembre), y conmemoraba el día más corto del año y el nacimiento del nuevo sol.

Reflexión

Ha nacido la vida

Hoy, queridos hermanos, ha nacido nuestro Salvador; alegrémonos. No puede haber lugar para la tristeza, cuando acaba de nacer la vida; la misma que acaba con el tenor de la mortalidad, y nos infunde la alegría de la eternidad prometida.

Nadie tiene por qué sentirse alejado de la participación de semejante gozo, a todos es común la razón para el júbilo: porque nuestro Señor, destructor del pecado y de la muerte, como no ha encontrado a nadie libre de culpa, ha venido para liberarnos a todos. Alégrese el santo, puesto que se acerca a la victoria; regocíjese el pecador, puesto que se le invita al perdón; anímese el gentil, ya que se le llama a la vida.

El Hijo de Dios, al cumplirse la plenitud de los tiempos, establecidos por los inescrutables y supremos designios divinos, asumió la naturaleza del género humano para reconciliarla con su Creador, de modo que el demonio, autor de la muerte, se viera vencido por la misma naturaleza gracias a la cual había vencido.

Por eso, cuando nace el Señor, los ángeles cantan jubilosos: *Gloria a Dios en el cielo*, y anuncian: *y en la tierra paz a los hombres que ama el Señor*. El nacimiento del Señor es el nacimiento de la paz.

San León Magno

Oración

Señor, que has asumido nuestra naturaleza y nos has liberado. Te pedimos que no opongamos resistencia a la transformación que deseas hacer en nosotros.

• 26 de diciembre •

Formación

El ciclo litúrgico llamado Tiempo de Navidad abarca desde el 25 de diciembre, fiesta del Nacimiento del Salvador, hasta el 2 de febrero, fiesta de la Purificación, comprendiendo, por lo tanto cuarenta días. Su objeto es celebrar con gozo el Nacimiento del Señor, en Belén; su infancia y vida oculta, en Nazaret; y las primeras y solemnes manifestaciones del mismo a los hombres.

Reflexión

Ha traído el don de la caridad

Ayer celebramos el nacimiento temporal de nuestro Rey eterno; hoy celebramos el triunfal martirio de su soldado. Ayer nuestro Rey, revestido con el manto de nuestra carne y saliendo del recinto del seno virginal, se dignó visitar el mundo; hoy el soldado, saliendo del tabernáculo de su cuerpo, triunfador, ha emigrado al cielo.

Nuestro Rey, siendo la excelsitud misma, se humilló por nosotros; su venida no ha sido en vano, pues ha aportado grandes dones a sus soldados, a los que ha fortalecido para luchar invenciblemente. Ha traído el don de la caridad, por la que los hombres se hacen partícipes de la naturaleza divina

La misma caridad que Cristo trajo del cielo a la tierra ha levantado a Esteban de la tierra al cielo. La caridad, que precedió en el Rey, ha brillado a continuación en el soldado. Esteban tenía la caridad como arma, y por ella triunfaba en todas partes. Por la caridad de Dios, no cedió ante los judíos que lo atacaban; por la caridad hacia el prójimo, rogaba por los que lo lapidaban. Por la caridad, argüía contra los que estaban equivocados, para que se corrigieran; por la caridad, oraba por los que lo lapidaban, para que no fueran castigados. La caridad es la fuente y el origen de todos los bienes. Quien camina en la caridad no puede temer ni errar; ella dirige, protege, encamina.

San Fulgencio de Ruspe

Oración

Concédenos, Señor la caridad que movió la vida y la muerte de san Esteban. Que como él no claudiquemos de la fe ante las críticas y la persecución.

Formación

El Ciclo de Navidad es un tiempo de alegría, pero no desbordante y triunfal, como la de Pascua de Resurrección, sino reposada y sonriente, como la que inundó a José y a María en la intimidad de la cuna de Belén.

Reflexión

La Palabra se ve sólo con el corazón

La Palabra, que se hizo carne para que pudiera ser tocada con las manos, comenzó siendo carne cuando se encarnó en el seno de la Virgen María; pero no en ese momento comenzó a existir la Palabra, porque el mismo san Juan dice que existía desde el principio.

La Vida misma se ha manifestado en la carne, para que aquello que sólo podía ser visto con el corazón fuera también visto con los ojos, y de esta forma sanase los corazones. Pues la Palabra se ve sólo con el corazón, pero la carne se ve también con los ojos corporales. Éramos capaces de ver la carne, pero no lo éramos de ver la Palabra. La Palabra se hizo carne, a la cual podemos ver, para sanar en nosotros aquello que nos hace capaces de ver la Palabra.

Os damos testimonio y os anunciamos la vida eterna que estaba con el Padre y se nos manifestó, es decir, se ha manifestado entre nosotros.

Que vuestra caridad preste atención: Eso que hemos visto y oído os lo anunciamos. Ellos vieron al mismo Señor presente en la carne, oyeron las palabras de su boca y lo han anunciado a nosotros.

Os escribimos esto, para que nuestra alegría sea completa. La alegría completa es la que se encuentra en la misma comunión, la misma caridad, la misma unidad.

San Agustín

Oración

Señor, que por medio de tu discípulo amado san Juan nos has revelado la profundidad de tu amor, haz que realmente te pongamos en el centro de nuestras vidas y te demos a conocer al mundo.

• 28 de diciembre •
Los Santos Inocentes

Formación

La fiesta de hoy, que se celebra desde el siglo IV, no ocupa este lugar en el calendario por razones históricas. La Iglesia la ha situado en esta fecha como homenaje a los niños inocentes, por haber muerto a manos de Herodes en lugar del Niño Dios. La tradición oriental los recuerda el 29 de diciembre.

Reflexión

Todavía no hablan,
y ya confiesan a Cristo

Nace un niño pequeño, un gran Rey. Herodes se turba, y, para no perder su reino, lo quiere matar; si hubiera creído en él, estaría seguro aquí en la tierra y reinaría sin fin en la otra vida.

¿Qué temes, Herodes, al oír que ha nacido un Rey? Él no ha venido para expulsarte a ti, sino para vencer al Maligno. Pero tú no entiendes estas cosas, y por ello te turbas y te ensañas, y, para que no escape el que buscas, te muestras cruel, dando muerte a tantos niños. Matas el cuerpo de los niños, porque el temor te ha matado a ti el corazón. Crees que, si consigues tu propósito, podrás vivir mucho tiempo, cuando precisamente quieres matar a la misma Vida.

Los niños, sin saberlo, mueren por Cristo; los padres hacen duelo por los mártires que mueren. Cristo ha hecho dignos testigos suyos a los que todavía no podían hablar. He aquí de qué manera reina el que ha venido para reinar. He aquí que el liberador concede la libertad, y el salvador la salvación. Pero tú, Herodes, ignorándolo, te turbas y te ensañas y, mientras te encarnizas con un niño, lo estás enalteciendo y lo ignoras.

¡Oh gran don de la gracia! ¿De quién son los merecimientos para que así triunfen los niños? Todavía no hablan, y ya confiesan a Cristo. Todavía no pueden entablar batalla valiéndose de sus propios miembros, y ya consiguen la palma de la victoria.

San Quodvultdeus

Oración

Jesús, que mueres cada día en los inocentes, mueve nuestra inteligencia y voluntad para que busquemos siempre lo que potencia la vida y no la muerte en nuestro prójimo.

• 29 de diciembre •

Formación

En la Edad Media, toda la octava de Navidad era de extraordinario regocijo. Cada día se organizaban fiestas litúrgico populares, con representaciones escénicas, las cuales, además de divertir y entretener a los fieles, los ilustraban en los misterios de la religión.

Reflexión

En la plenitud de los tiempos vino la plenitud de la divinidad

Ha aparecido la bondad de Dios, nuestro Salvador, y su amor al hombre. Gracias sean dadas a Dios, que ha hecho abundar en nosotros el consuelo en medio de esta peregrinación, de este destierro, de esta miseria.

Antes de que apareciese la humanidad de nuestro Salvador, su bondad se hallaba también oculta, aunque ésta ya existía, pues la misericordia del Señor es eterna. ¿Pero cómo, a pesar de ser tan inmensa, iba a poder ser reconocida? Estaba prometida, pero no se la alcanzaba a ver; por lo que muchos no creían en ella.

Efectivamente, en distintas ocasiones y de muchas maneras habló Dios por lo profetas. Y decía: Yo tengo designios de paz y no de aflicción. Pero ¿qué podía responder el hombre que sólo experimentaba la aflicción e ignoraba la paz? ¿Hasta cuándo vais a estar diciendo: «Paz, paz», y no hay paz? A causa de lo cual los mensajeros de paz lloraban amargamente, diciendo: Señor, ¿quién creyó nuestro anuncio? Pero ahora los hombres tendrán que creer a sus propios ojos, y que los testimonios de Dios se han vuelto absolutamente creíbles. Pues para que ni una vista perturbada pueda dejar de verlo, puso su tienda al sol.

San Bernardo

Oración

Gracias, Señor, por el consuelo de tu presencia en Jesús para que podamos caminar alegres y serenos por esta vida hasta encontrarnos definitivamente contigo.

• 30 de diciembre •
La Sagrada Familia

Formación

La Sagrada Familia es una fiesta variable, introducida por primera vez como celebración opcional en 1893. Se celebra el primer domingo después del día de Navidad. Con ella nos transporta la liturgia a Nazaret, para contemplar allí la vida de la Sagrada Familia, modelo de la familia natural en que nacemos, y de la familia sobrenatural en la cual hemos sido adoptados por la gracia de Dios.

Reflexión

Tres lecciones
de la Familia de Nazaret

La primera lección de la Familia de Nazaret es el silencio, tan necesario para nosotros, que estamos aturdidos por tanto ruido, tanto tumulto, tantas voces de nuestra ruidosa y en extremo agitada vida moderna. Silencio de Nazaret, enséñanos el recogimiento y la interioridad, enséñanos a estar siempre dispuestos a escuchar las buenas inspiraciones y la doctrina de los verdaderos maestros. Enséñanos la necesidad y el valor de una conveniente formación, del estudio, de la meditación, de una vida interior intensa, de la oración personal que sólo Dios ve.

Otra lección es la vida familiar. Que Nazaret nos enseñe el significado de la familia, su comunión de amor, su sencilla y austera belleza, su carácter sagrado e inviolable, lo dulce e irreemplazable que es su pedagogía y lo fundamental e incomparable que es su función en el plano social.

Finalmente, aprendemos también la lección del trabajo. Nazaret, la casa del hijo del artesano: cómo deseamos comprender más la austera pero redentora ley del trabajo humano y exaltarla debidamente; restablecer la conciencia de su dignidad, de manera que fuera a todos patente; recordar aquí, bajo este techo, que el trabajo no puede ser un fin en sí mismo, y que su dignidad y la libertad para ejercerlo no provienen tan sólo de sus motivos económicos, sino también de aquellos otros valores que lo encauzan hacia un fin más noble.

Pablo VI

Oración

Familia de Nazaret, enséñanos el silencio, el recogimiento y la interioridad; a estar siempre dispuestos a escuchar las buenas inspiraciones y la doctrina de los verdaderos maestros.

• 31 de diciembre •

Formación

La fiesta de san Silvestre, que se celebra hoy, se sitúa en la octava de Navidad como homenaje a este santo papa por ser él quien instituyó la fiesta de Navidad.

Reflexión

Celebramos nuestro propio nacimiento

Mientras adoramos el nacimiento de nuestro Salvador, resulta que estamos celebrando nuestro propio comienzo. Efectivamente, la generación de Cristo es el comienzo del pueblo cristiano, y el nacimiento de la cabeza lo es al mismo tiempo del cuerpo.

Aunque cada uno de los que llama el Señor a formar parte de su pueblo sea llamado en un tiempo determinado y aunque todos los hijos de la Iglesia hayan sido llamados cada uno en días distintos, con todo, la totalidad de fieles, nacida en la fuente bautismal, ha nacido con Cristo en su nacimiento, del mismo modo que ha sido crucificada con Cristo en su pasión, ha sido resucitada en su resurrección y ha sido colocada a la derecha del Padre en su ascensión.

Cualquier hombre que cree –en cualquier parte del mundo–, y se regenera en Cristo, una vez interrumpido el camino de su vieja condición original, pasa a ser un nuevo hombre al renacer; y ya no pertenece a la ascendencia de su padre carnal, sino a la simiente del Salvador, que se hizo precisamente Hijo del hombre, para que nosotros pudiésemos llegar a ser hijos de Dios.

Pues si él no hubiera descendido hasta nosotros revestido de esta humilde condición, nadie hubiera logrado llegar hasta él por sus propios méritos.

San León Magno

Oración

Señor, que con la venida de Cristo hemos renacido a la vida, haz que la defendamos siempre y que luchemos por una cultura de la vida que haga más humano nuestro mundo.

• 1 de enero •
Santa María, Madre de Dios

Formación

Primitivamente, el 1 de enero conmemoraba la liturgia la octava de Navidad, con alusiones especiales a la Maternidad de la Sma. Virgen; pero no era día festivo. Si lo era, en cambio, de diversiones paganas, en desagravio de las cuales prescribió la Iglesia a los cristianos, primero preces públicas de penitencia, y luego contrapuso la fiesta de la Circuncisión a la del dios Jano.

Reflexión

La Palabra tendió su mano

La Palabra tendió una mano a los hijos de Abrahán, afirma el Apóstol, y por eso tenía que parecerse en todo a sus hermanos y asumir un cuerpo semejante al nuestro. Por esta razón, en verdad, María está presente en este misterio, para que de ella la Palabra tome un cuerpo, y, como propio, lo ofrezca por nosotros. La Escritura habla del parto y afirma: *Lo envolvió en pañales*.

El ángel Gabriel había anunciado la concepción con palabras muy precisas, cuando dijo a María no simplemente «*lo que nacerá en ti*» –para que no se creyese que se trataba de un cuerpo introducido desde el exterior–, sino *de ti*, para que creyésemos que aquel que era engendrado en María procedía realmente de ella.

Las cosas sucedieron de esta forma para que la Palabra, tomando nuestra condición y ofreciéndola en sacrificio, la asumiese completamente, y revistiéndonos después a nosotros de su condición, diese ocasión al Apóstol para afirmar lo siguiente: *Esto corruptible tiene que vestirse de incorrupción, y esto mortal tiene que vestirse de inmortalidad.*

Nuestro Salvador fue verdaderamente hombre, y de él ha conseguido la salvación el hombre entero. Porque de ninguna forma es ficticia nuestra salvación ni afecta sólo al cuerpo, sino que la salvación de todo el hombre, es decir, alma y cuerpo, se ha realizado en aquel que es la Palabra.

San Atanasio

Oración

Al comenzar este nuevo año, te pedimos Señor que estés presente en nuestra vida para que todos los días estén llenos de tu luz y puedan verla quienes nos contemplan.

• 2 de enero •

Formación

Durante siglos los villancicos han ambientado el espíritu de la Navidad. Las tradicionales melodías recuerdan año tras año el nacimiento de Jesús. Sin embargo, entre los cristianos, antiguamente eran más populares los cantos que hacían alusión a la Pascua.

Reflexión

Apareció la plenitud de la divinidad

Un niño se nos ha dado, pero en quien habita toda la plenitud de la divinidad. Ya que, cuando llegó la plenitud del tiempo, hizo también su aparición la plenitud de la divinidad.

Vino en carne mortal para que, al presentarse así ante quienes eran carnales, en la aparición de su humanidad se reconociese su bondad. Porque, cuando se pone de manifiesto la humanidad de Dios, ya no puede mantenerse oculta su bondad. ¿De qué manera podía manifestar mejor su bondad que asumiendo mi carne?

¿Hay algo que pueda declarar más inequívocamente la misericordia de Dios que el hecho de haber aceptado nuestra miseria? ¿Qué hay más rebosante de piedad que la Palabra de Dios convertida en tan poca cosa por nosotros? Señor, ¿qué es el hombre, para que te acuerdes de él, el ser humano, para darle poder? Que deduzcan de aquí los hombres lo grande que es el cuidado que Dios tiene de ellos; que se enteren de lo que Dios piensa y siente sobre ellos.

No te preguntes, tú, que eres hombre, por lo que has sufrido, sino por lo que sufrió él. Deduce de todo lo que sufrió por ti, en cuánto te tasó, y así su bondad se te hará evidente por su humanidad. Cuanto más bueno se hizo en su humanidad, tanto más grande se reveló en su bondad; y cuanto más se dejó envilecer por mí, tanto más querido me es ahora.

San Bernardo

Oración

Señor, que en la humanidad de Cristo has mostrado tu bondad, te damos gracias porque nos quieres y te pedimos que seamos capaces de imitarte en amar a nuestros semejantes.

3 de enero

Formación

En castellano la palabra villancico deriva del término "canción de villa". En inglés en cambio, se les denomina *carols*, que viene del francés *caroler*, que significa bailar haciendo ronda.

En España, especialmente en Castilla, los villancicos surgieron en el siglo XV.

Reflexión

Aclara tu pupila para mirar a Dios

Recordad conmigo, hermanos, aquellos dos preceptos que deben permanecer siempre grabados en vuestros corazones. Nunca olvidéis que hay que amar a Dios y al prójimo: *a Dios con todo el corazón, con toda el alma, con todo el ser; y al prójimo como a sí mismo.*

He aquí lo que hay que pensar y meditar, lo que hay que mantener vivo en el pensamiento y en la acción, lo que hay que llevar hasta el fin. El amor de Dios es el primero en la jerarquía del precepto, pero el amor del prójimo es el primero en el rango de la acción.

Pero tú, que todavía no ves a Dios, amando al prójimo haces méritos para verlo; con el amor al prójimo aclaras tu pupila para mirar a Dios, como sin lugar a dudas dice Juan: *Quien no ama a su hermano, a quien ve, no puede amar a Dios, a quien no ve.*

Al amar a tu prójimo y cuidarte de él, vas haciendo tu camino. ¿Y hacia dónde caminas sino hacia el Señor Dios, el mismo a quien tenemos que amar con todo el corazón, con toda el alma, con todo el ser? Es verdad que no hemos llegado todavía hasta nuestro Señor, pero sí que tenemos con nosotros al prójimo. Ayuda, por tanto, a aquel con quien caminas, para que llegues hasta aquel con quien deseas quedarte para siempre.

San Agustín

Oración

Señor, te pedimos que vivamos de tal forma que hagamos nuestro camino amando al prójimo y cuidándonos de él como Tú nos propones.

Formación

El villancico más antiguo, que registra la historia de la música es *Iesus refulsit omnium*, (Jesús, luz de todas las naciones), data del siglo IV, y su letra se atribuye a san Hilario de Poitiers.

Reflexión

Vuelve a nacer para quienes lo desean

La Palabra de Dios, nacida una vez en la carne, vuelve a nacer siempre gustosamente en el espíritu para quienes lo desean; vuelve a hacerse niño, y se manifiesta a sí mismo en la medida en que sabe que lo puede asimilar el que lo recibe, y así, al mismo tiempo que explora discretamente la capacidad de quienes desean verlo, sigue manteniéndose siempre fuera del alcance de su percepción, a causa de la excelencia del misterio.

Nace Cristo Dios, hecho hombre mediante la incorporación de una carne dotada de alma inteligente; el mismo que había otorgado a las cosas proceder de la nada. Mientras tanto, brilla en lo alto la estrella del Oriente y conduce a los Magos al lugar en que yace la Palabra encarnada; con lo que muestra que hay en la ley y los profetas una palabra místicamente superior, que dirige a las gentes a la suprema luz del conocimiento.

Así pues, la palabra de la ley y de los profetas, entendida alegóricamente, conduce, como una estrella, al pleno conocimiento de Dios a aquellos que fueron llamados por la fuerza de la gracia, de acuerdo con el designio divino.

Inmenso misterio de la divina Encarnación, que sigue siendo siempre misterio; pues, ¿cómo la Palabra, que es toda ella Dios por naturaleza, se hizo toda ella por naturaleza hombre?

San Máximo

Oración

Palabra de Dios que te has hecho carne en Jesús, haz que cada día te permitamos nacer de nuevo en nosotros para que todos entiendan tu mensaje.

Formación

La epifanía es de origen oriental y, probablemente, comenzó a celebrarse en Egipto. De allí pasó a otras iglesias de Oriente, y posteriormente fue traída a Occidente, primero a la Galia, más tarde a Roma y al norte de África. La aparición de esta fiesta al principio del siglo IV coincidió aproximadamente con la institución de la Navidad en Roma.

Reflexión

Nuestros conocimientos son ahora parciales

¿Qué ser humano podría conocer todos los tesoros de sabiduría y de ciencia, ocultos en Cristo y escondidos en la pobreza de su carne? Porque, siendo rico, se hizo pobre por vosotros, para enriqueceros con su pobreza.

Nuestros conocimientos son ahora parciales, hasta que se cumpla lo que es perfecto. Pero mientras eso no suceda, mientras no nos muestre lo que habrá de bastarnos, mientras no le bebamos como fuente de vida y nos saciemos, mientras tengamos que andar en la fe y peregrinemos lejos de él, mientras tenemos hambre y sed de justicia y anhelamos con inefable ardor la belleza de la forma de Dios, celebremos con devoción el nacimiento de la forma de siervo.

Si no podemos contemplar todavía al que fue engendrado por el Padre antes que el lucero de la mañana, tratemos de acercarnos al que nació de la Virgen en medio de la noche. No comprendemos aún que su nombre dura como el sol; reconozcamos que su tienda ha sido puesta en el sol.

Todavía no podemos contemplar al Único que permanece en su Padre; recordemos al Esposo que sale de su alcoba. Todavía no estamos preparados para el banquete de nuestro Padre; reconozcamos al menos el pesebre de nuestro Señor Jesucristo.

San Agustín

Oración

Señor, que has puesto tu tienda entre nosotros, haz que nos acerquemos a ti, que te conozcamos, que te amemos y seamos siempre tus testigos.

• 6 de enero •
Epifanía del Señor

Formación

La Epifanía se celebra a los doce días de la Navidad. Son fiestas gemelas. La iglesia occidental le da el nombre de "pequeña Navidad"; para la Iglesia oriental, en cambio, es más importante esta fiesta y da el nombre de "pequeña Epifanía" a la fiesta de la Navidad.

Reflexión

Que todos le adoren

La providencia de Dios, que ya había decidido venir en ayuda del mundo que perecía, determinó de antemano la salvación de todos los pueblos en Cristo. Así pues, que todos los pueblos vengan a incorporarse a la familia de los patriarcas. Que todas las naciones, en la persona de los tres Magos, adoren al Autor del universo, y que Dios sea conocido en el mundo entero.

Abrahán *vio este día, y se llenó de alegría,* cuando supo que sus hijos según la fe serían benditos en su descendencia, a saber, en Cristo, y él se vio a sí mismo, por su fe, como futuro padre de todos los pueblos. También David anunciaba este día en los salmos cuando decía: *Todos los pueblos vendrán a postrarse en tu presencia, Señor; bendecirán tu nombre;* y también: *El Señor da a conocer su victoria, revela a las naciones su justicia.*

Esto se ha realizado, lo sabemos, en el hecho de que tres magos, llamados de su lejano país, fueron conducidos por una estrella para conocer y adorar al Rey del cielo y de la tierra. La docilidad de los magos a esta estrella nos indica el modo de nuestra obediencia, para que, en la medida de nuestras posibilidades, seamos servidores de esa gracia que llama a todos los hombres a Cristo.

Animados por este celo, debéis aplicaros a seros útiles los unos a los otros, a fin de que brilléis como hijos de la luz en el reino de Dios, al cual se llega gracias a la fe recta y a las buenas obras.

San León Magno

Oración

Señor, que te conozcan y adoren todos los pueblos, que seas conocido en todo el mundo, pues sólo así se cumplirán tus designios y la creación llegará a su plenitud.

• 7 de enero •

Formación

El término griego *epiphaneia* (manifestación), ilumina la significación originaria de la fiesta de la Epifanía. En el griego clásico esta palabra podía expresar dos ideas, secular una, religiosa la otra. La primera podía referirse a una *llegada*. Cuando, por ejemplo, un rey visitaba una ciudad y hacía su entrada solemne, se recordaba ese evento como una *epifanía*. San Pablo utiliza la palabra en este sentido refiriéndose a Cristo.

Reflexión

Signo de amor

Si todos los que quieren vivir religiosamente en Cristo Jesús han de sufrir persecuciones, como afirma aquel apóstol que es llamado el predicador de la verdad, no engañando, sino diciendo la verdad, a mí me parece que de esta norma general no se exceptúa sino aquel que no quiere *llevar ya desde ahora una vida sobria, honrada y religiosa*.

Pero vosotros de ninguna forma debéis de ser contados entre el número de éstos, cuyas casas se encuentran pacificadas, tranquilas y seguras, sobre los que no actúa la vara del Señor, que se satisfacen con su vida y que al instante serán arrojados al infierno.

Vuestra pureza y vida religiosa merecen y exigen, ya que sois aceptos y agradables a Dios, ser purificadas hasta la más absoluta sinceridad por reiteradas pruebas. Y, si se duplica e incluso triplica la espada sobre vosotros, esto mismo hay que considerarlo como pleno gozo y signo de amor.

Contemplad al autor y mantenedor de la fe, a Jesús, quien, siendo inocente, padeció por obra de los suyos, y contado entre los malhechores. Y vosotros, bebiendo el excelso cáliz de Jesucristo, dad gracias al Señor, dador de todos los bienes.

San Raimundo de Peñafort

Oración

Señor, ayúdanos a vivir como Cristo Jesús nos pide, a llevar una vida sobria, honrada y religiosa, alejada de la rutina y mediocridad.

Formación

El uso neotestamentario del término *epiphaneia* demuestra cómo la idea de nacimiento entró en la concepción de la fiesta de la Epifanía, ya que celebraba la venida, la llegada y la presencia de Cristo, Palabra encarnada entre nosotros.

Reflexión

El Padre envió a su Hijo al mundo

El Padre de la inmortalidad envió al mundo a su Hijo, Palabra inmortal, que vino a los hombres para lavarlos con el agua y el Espíritu: y, para regenerarnos con la incorruptibilidad del alma y del cuerpo, insufló en nosotros el espíritu de vida y nos vistió con una armadura incorruptible.

Si, pues, el hombre ha sido hecho inmortal, también será dios. Y si se ve hecho dios por la regeneración del baño del bautismo, en virtud del agua y del Espíritu Santo, resulta también que después de la resurrección de entre los muertos será coheredero de Cristo.

Por lo cual, gritó con voz de pregonero: Venid, las tribus todas de las gentes, al bautismo de la inmortalidad. Ésta es el agua unida con el Espíritu, con la que se riega el paraíso, se fecunda la tierra, las plantas crecen, los animales se multiplican; y, en definitiva, el agua por la que el hombre regenerado se vivifica, con la que Cristo fue bautizado, sobre la que descendió el Espíritu Santo en forma de paloma.

Y el que desciende con fe a este baño de regeneración renuncia al diablo y se entrega a Cristo, reniega del enemigo y confiesa que Cristo es Dios, se libra de la esclavitud y se reviste de la adopción, y vuelve del bautismo tan espléndido como el sol, fulgurante de rayos de justicia; y, lo que es el máximo don, se convierte en hijo de Dios y coheredero de Cristo.

San Hipólito

Oración

Dios, que has enviado a tu Hijo, Palabra inmortal, para hacernos inmortales, te pedimos que jamás nos alejemos de ti, fuente de vida eterna.

• 9 de enero •

Formación

El uso religioso del término *epiphaneia* en la cultura griega denotaba alguna *manifestación de poder divino en beneficio de los hombres.* Es el significado que mejor encaja con la liturgia de la Epifanía, fiesta de manifestación. Dios manifiesta su poder benevolente en la Encarnación.

Reflexión

La plenitud de los tiempos ha llegado

La Iglesia, a la que todos hemos sido llamados en Cristo Jesús y en la cual, por la gracia de Dios, conseguimos la santidad, no será llevada a su plena perfección, sino cuando llegue el tiempo de la restauración de todas las cosas y cuando, con el género humano, también el universo entero –que está íntimamente unido al hombre y por él alcanza su fin– será perfectamente renovado en Cristo.

La restauración prometida ya comenzó en Cristo, es impulsada con la venida del Espíritu Santo y por él continúa en la Iglesia, en la cual, por la fe, somos instruidos también acerca del sentido de nuestra vida temporal, mientras que, con la esperanza de los bienes futuros, llevamos a cabo la obra que el Padre nos ha confiado en el mundo y trabajamos por nuestra salvación.

La plenitud de los tiempos ha llegado, pues, hasta nosotros, y la renovación del mundo está irrevocablemente decretada y empieza verdaderamente a realizarse, en cierto modo, en el siglo presente, pues la Iglesia, ya en la tierra, se reviste de una verdadera, si bien imperfecta, santidad.

Y hasta que lleguen los nuevos cielos y la nueva tierra, en los que tendrá su morada la justicia, la Iglesia peregrinante –en sus sacramentos e instituciones, que pertenecen a este tiempo- lleva consigo la imagen de este mundo que pasa. Ella misma vive entre las criaturas, que gimen entre dolores de parto hasta el presente, en espera de la manifestación de los hijos de Dios.

Concilio Vaticano II, LG, Nº 48

Oración

Señor, que has comenzado en Cristo la restauración del género humano, haz que seamos dóciles al Espíritu para que lleve todo a la plenitud.

Formación

Con la introducción de la Epifanía en la iglesia de Occidente, el significado de la fiesta cambió. Entonces, el episodio de los magos que siguen a la estrella y van con regalos a adorar al Mesías se convirtió en el tema principal. Se atribuyó un simbolismo profundo al relato evangélico: representar la vocación de los gentiles a la Iglesia de Cristo.

Reflexión

Dios le otorgó el Espíritu

Cuando el Unigénito se encarnó en el mundo, como hombre nacido de mujer, Dios Padre otorgó a su vez el Espíritu, y Cristo, como primicia de la naturaleza renovada, fue el primero que lo recibió. Y esto fue lo que atestiguó Juan Bautista cuando dijo: *He contemplado al Espíritu que bajaba del cielo y se posó sobre él.*

Decimos que Cristo recibió el Espíritu, en cuanto se había hecho hombre y en cuanto convenía que el hombre lo recibiera; y, aunque es el Hijo de Dios Padre, engendrado de su misma sustancia, incluso antes de la Encarnación, no se da por ofendido de que el Padre le diga, después que se hizo hombre:

Tú eres mi Hijo: yo te he engendrado hoy. Dice haber engendrado hoy a quien era Dios, engendrado de él mismo desde antes de los siglos, a fin de recibirnos por su medio como hijos adoptivos; pues en Cristo, en cuanto hombre, se encuentra significada toda la naturaleza.

El Hijo unigénito recibe el Espíritu Santo no para sí mismo –pues es suyo, habita en él, y por su medio se comunica–, sino para instaurar y restituir a su integridad a la naturaleza entera, ya que, al haberse hecho hombre, la poseía en su totalidad. Puede, por tanto, entenderse que Cristo no recibió el Espíritu para sí, sino más bien para nosotros en sí mismo: pues por su medio nos vienen todos los bienes.

San Cirilo de Alejandría

Oración

Señor, que nos has otorgado el Espíritu con la Encarnación de tu Hijo unigénito, haz que nos dejemos guiar por Él y le ayudemos a instaurar y restituir a su integridad a la naturaleza entera.

• 11 de enero •

Formación

Cuando la Epifanía se popularizó, se implantó la costumbre de añadir las tres figuras de los magos a la cuna de navidad. Ellos llegaron a conquistar la fantasía popular. La leyenda les dio unos nombres y los convirtió en reyes. En la catedral de Colonia está la urna de los tres reyes. Sus "huesos" fueron llevados allí, desde Milán, en 1164, por Federico Barbarroja.

Reflexión

Hoy ha vuelto a ser engendrado por el misterio

Nos refiere el texto evangélico que el Señor acudió al Jordán para bautizarse y que allí mismo quiso verse consagrado con los misterios celestiales. Era, por tanto, lógico que después del día del nacimiento del Señor —por el mismo tiempo, aunque la cosa sucediera años después— viniera esta festividad, que pienso que debe llamarse también fiesta del nacimiento.

Pues, entonces, el Señor nació en medio de los hombres; hoy, ha renacido en virtud de los sacramentos; entonces, le dio a luz la Virgen; hoy, ha vuelto a ser engendrado por el misterio. Entonces, cuando nació como hombre, María, su madre, lo acogió en su regazo; ahora, que el misterio lo engendra, Dios Padre lo abraza con su voz y dice: *Éste es mi Hijo, el amado, mi predilecto; escuchadlo.* La madre acaricia al recién nacido en su blando seno; el Padre acude en ayuda de su Hijo con su piadoso testimonio; la madre se lo presenta a los Magos para que lo adoren, el Padre se lo manifiesta a las gentes para que lo veneren.

Cuando se bautiza el Salvador, se purifica toda el agua necesaria para nuestro bautismo, y queda limpia la fuente, para que pueda luego administrarse a los pueblos que habían de venir a la gracia de aquel baño. Cristo, pues, se adelanta mediante su bautismo, a fin de que los pueblos cristianos vengan luego tras él con confianza.

San Máximo de Turín

Oración

Señor, que te has manifestado en el Bautismo de Jesús, haz que seamos fieles a los compromisos de nuestro bautismo y vivamos coherentemente nuestra fe.

• 12 de enero •

Formación

San Agustín, san León, san Gregorio y otros padres latinos, se sintieron fascinados por la figura de los magos, pero no por su leyenda, sino por la teología subyacente en el relato evangélico de Mateo 2,1-12. En los sabios de Oriente vieron la representación de las *naciones del mundo*. Ellos simbolizaban la vocación de todos los hombres a la única Iglesia de Cristo.

Reflexión

El buen vino del Evangelio

Como el esposo que sale de su alcoba, descendió el Señor hasta la tierra para unirse, mediante la Encarnación, con la Iglesia, que había de congregarse de entre los gentiles, a la cual dio sus arras y su dote: las arras, cuando Dios se unió con el hombre; la dote, cuando se inmoló por su salvación. Por arras entendemos la redención actual, y por dote, la vida eterna.

En Galilea, Cristo convierte el agua en vino – concluye la ley y le sucede la gracia; se aparta lo que no era más que sombra y se hace presente la verdad; lo carnal se sitúa junto a lo espiritual; la antigua observancia se trasmuta en Nuevo Testamento–; y como el agua aquella que se contenía en las tinajas, sin dejar de ser en absoluto lo que era, comenzó a ser lo que no era, de la misma manera la ley, manifestada por el advenimiento de Cristo, no perece, sino que se mejora.

Si falta el vino, se saca otro: el vino del Antiguo Testamento es bueno, pero el del Nuevo es mejor; el Antiguo Testamento, que observan los judíos, se diluye en la letra, mientras que el Nuevo, que es el que nos atañe, convierte en gracia el sabor de la vida.

Se trata de «buen vino» siempre que oigas hablar de un buen precepto de la ley: *Amarás a tu prójimo y aborrecerás a tu enemigo.* Pero es mejor y más fuerte el vino del Evangelio: *Yo, en cambio, os digo: Amad a vuestros enemigos, y rezad por los que os persiguen.*

Fausto de Riez

Oración

Señor, que te has manifestado como alegría al mundo en las bodas de Caná, haz que nosotros los cristianos seamos el buen vino el banquete de la vida.

Formación

Tradicionalmente, la Iglesia conmemora tres epifanías, expresadas en la antífona del *Magnificat:* "Hoy la estrella condujo a los magos al pesebre; hoy el agua se convirtió en vino en las bodas de Caná; hoy Cristo fue bautizado por Juan en el Jordán para salvarnos". Jesús fue manifestado como el hijo de Dios en su bautismo.

Reflexión

Honremos el bautismo de Cristo

Cristo es iluminado: dejémonos iluminar junto con él; Cristo se hace bautizar: descendamos al mismo tiempo que él, para ascender con él.

Cuando Jesús asciende de las aguas se lleva consigo hacia lo alto al mundo, y se abren de par en par los cielos que Adán había hecho que se cerraran para sí y para su posteridad, del mismo modo que se había cerrado el paraíso con la espada de fuego.

También el Espíritu da testimonio de la divinidad, acudiendo en favor de quien es su semejante; y la voz desciende del cielo, pues del cielo procede precisamente Aquel de quien se daba testimonio; del mismo modo que la paloma, aparecida en forma visible, honra el cuerpo de Cristo, que por deificación era también Dios. Así también, muchos siglos antes, la paloma había anunciado del diluvio.

Honremos el bautismo de Cristo, y celebremos con toda honestidad su fiesta.

Ojalá que estéis ya purificados, y os purifiquéis de nuevo. Nada hay que agrade tanto a Dios como el arrepentimiento y la salvación del hombre, en cuyo beneficio se han pronunciado todas las palabras y revelado todos los misterios; para que, como astros en el firmamento, os convirtáis en una fuerza vivificadora para el resto de los hombres.

San Gregorio Nacianceno

Oración

Señor, que has manifestado a Jesús como Hijo tuyo en su bautismo, te pedimos que nosotros mismos también le manifestemos como tu predilecto en las obras de nuestra vida.